L'imagerie Milan
petite enfance

MW01706749

Les animaux

illustrations de
Marion Billet
Hélène Convert
Julie Mercier
Emmanuel Ristord

MILAN
jeunesse

Le sommaire

C'est quoi, un animal ? 6

Où voir des animaux ? 24

Une journée au zoo 50

La vie des animaux 68

Pages mémoire

écrire — Tous les mots de cette imagerie sont présentés avec leur article défini. Pour aider votre enfant à mieux appréhender la nature des mots, les verbes et les actions sont signalés par un cartouche.

? — Pour vérifier les acquis et permettre à votre enfant de s'autoévaluer, une double page « Voyons voir » est présente à la fin de chaque grande partie.

Les « Pages mémoire » en fin d'ouvrage présentent un récapitulatif de savoirs fondamentaux.

Ab — Retrouvez rapidement le mot que vous cherchez grâce à l'index en fin d'ouvrage.

En bas de chaque planche se trouvent des renvois vers d'autres pages traitant un sujet complémentaire. Ainsi, vous pouvez varier l'ordre de lecture et mieux mettre en relation les savoirs.

C'est quoi, un animal ?

Les animaux

Un animal est un être vivant qui bouge, mange et fait des petits. Il naît et meurt.

naître et vivre

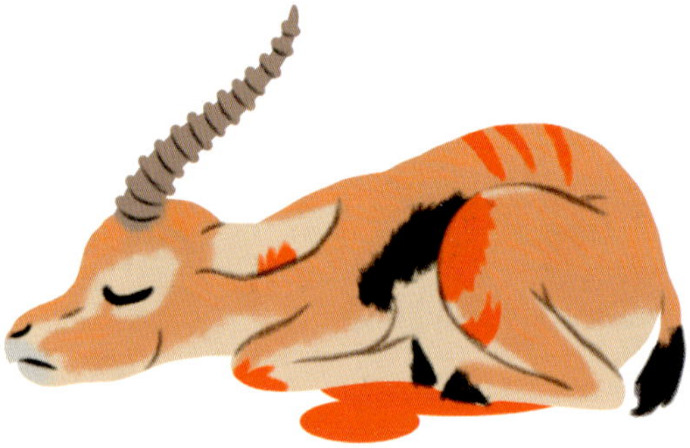

mourir

bouger

Et toi, es-tu un animal ?

Difficile de répondre… Tu es vivant, tu bouges, tu te nourris et tu auras peut-être des bébés… Alors oui, tu es un animal !

Pourtant, l'homme fait des choses qu'aucune bête ne fait : dessiner, construire de belles machines, imaginer des histoires…

Animaux ou hommes, on a un point commun : on est des êtres vivants sur une même planète. À nous de bien vivre ensemble !

Les animaux menacés **86**
Les animaux disparus **87**

Le corps des animaux

Les animaux ne sont pas tous faits de la même façon. Alors il y a des mots pour nommer chaque partie de leur corps.

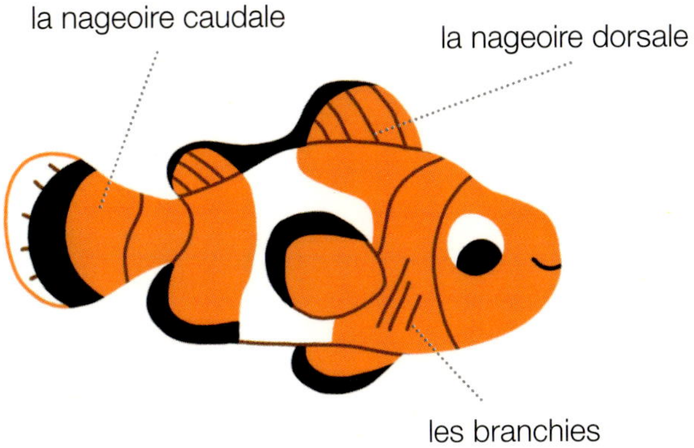

Pourquoi sont-ils comme ça ?

Tu as remarqué que le chat avait des moustaches. Pour lui, ce sont un peu des antennes qui l'aident à se repérer.

Le gecko, lui, a des ventouses sous les pattes pour mieux grimper. Chaque animal a un corps adapté à sa vie.

As-tu déjà essayé de prendre un hérisson dans tes mains? Ça pique! Pratique pour se défendre, non?

Classer les animaux 82
Les empreintes 88

L’alimentation

Pour la nourriture, il y a trois grands groupes d’animaux : les carnivores, les herbivores et les omnivores.

Les carnivores mangent d’autres animaux.

Les herbivores mangent des plantes, des feuilles…

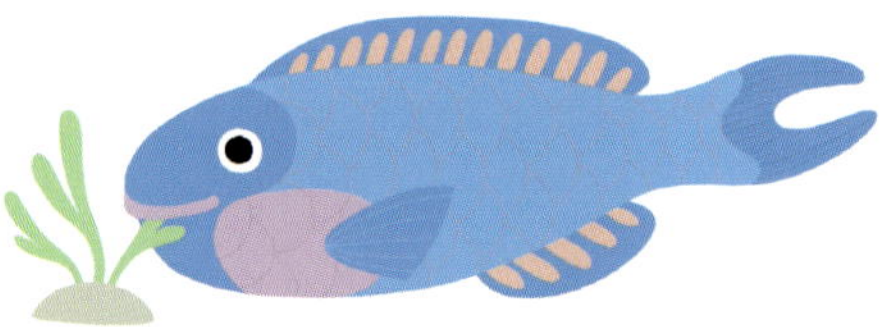

Viandes ou végétaux :
les omnivores
mangent de tout.

Est-ce que les carnivores sont méchants ?

À la télévision, quand tu vois une lionne chasser une gazelle, ça fait peur. Tu te dis peut-être que la lionne est cruelle.

Pourtant, aucun animal n'est méchant. Chacun chasse pour se nourrir ou nourrir ses petits. C'est normal et naturel.

Si les carnivores ne tuaient pas pour manger, ils mourraient. Et toi, sais-tu d'où vient la viande que tu trouves dans ton assiette?

Manger et être mangé 76

Les mammifères

Ce sont des animaux qui sortent du ventre de leur mère et peuvent boire son lait.

la chatte attend des chatons

la chatte met bas

la chatte allaite ses chatons

la chatte prend soin de ses chatons

la girafe met bas

le girafon

le kangourou
et son minuscule bébé

le petit kangourou
dans la poche

le dauphin met bas

le delphineau

Combien les animaux ont-ils de petits ?

Tu es sorti du ventre de ta mère, car tu es un mammifère. Mais chez les animaux, les bébés sont souvent plus nombreux.

Certains mammifères ont toujours plusieurs petits d'un coup. On parle d'une portée de six chiots, par exemple.

Chez l'être humain, il est rare d'avoir plus d'un enfant à la fois. Sais-tu comment on appelle deux bébés nés en même temps?

Classer les animaux 82

Les ovipares

Chez les ovipares, les petits sortent d'un œuf pondu par leur mère.

pondre

couver son œuf

éclore

grandir

la tortue de mer
et ses œufs

le lézard
et ses œufs

l'escargot et ses œufs

le poisson et ses œufs

l'autruche et son œuf

le manchot et son œuf

Y a-t-il un poussin dans ton œuf à la coque ?

Tu aimes bien les œufs que tes parents cuisinent. Ceux que l'on mange sont le plus souvent des œufs de poule.

S'il n'y a pas de coq et si la poule ne couve pas son œuf, il n'y aura pas de poussin dans cet œuf. On peut le manger.

À la coque, au plat, brouillés, en omelette... On en met même dans les gâteaux! Comment préfères-tu manger les œufs?

Classer les animaux 82

Grandir

Pour devenir grands, certains animaux doivent se débrouiller tout seuls dès la naissance. Mais d'autres ont besoin de leurs parents.

la becquée

être nourri

être tenu au chaud

être protégé

être puni

être lavé

être transporté

faire comme les grands

apprendre à se débrouiller

apprendre à chasser

Est-ce que les animaux aiment leurs bébés ?

Tes parents t'aiment et tu as besoin d'eux. Ça ne se passe pas toujours de la même façon chez les animaux.

Les koalas s'occupent de leurs petits. D'autres vivent seuls dès leur naissance, comme la tortue de mer ou le lézard.

Les lapins ont une centaine de bébés par an. Ils ne pourraient pas s'en occuper comme tes parents s'occupent de toi !

Les animaux **8**
Dormir **72**

Se métamorphoser

Certains animaux se transforment complètement pour devenir adultes.

le papillon

la grenouille

Et toi,
est-ce que tu te métamorphoses ?

Toute ta vie, ton corps change. Mais tu ne te métamorphoses pas vraiment : ton corps se transforme petit à petit.

L'être humain grandit jusqu'à l'âge adulte. Il grossit et se muscle. Ça se passe doucement, sans que l'on s'en rende compte.

Une fois adulte, on ne grandit plus en taille, mais on continue de vieillir. C'est pareil pour tous les animaux !

Le vivarium 62
L'insectarium 63

Voyons voir...

Qui a le corps recouvert de poils ? Qui a des plumes ? Qui a des écailles ?

Qui mange quoi ? Avec ton doigt, relie chaque être vivant à son assiette.
Que remarques-tu pour le petit garçon et le chien ?

Comment s'appellent ces animaux ? Décris leurs différences.
Pourquoi sont-ils tous des mammifères ?

Avec ton doigt, relie chacun de ces ovipares à son petit et son œuf.

Regarde comment ces animaux changent en grandissant.
Et toi, en grandissant, qu'est-ce qui change dans ton corps ?
Est-ce que tu connais ta taille et ton poids ?

Où voir des animaux ?

L'animalerie

C'est un magasin où l'on peut acheter des animaux familiers.

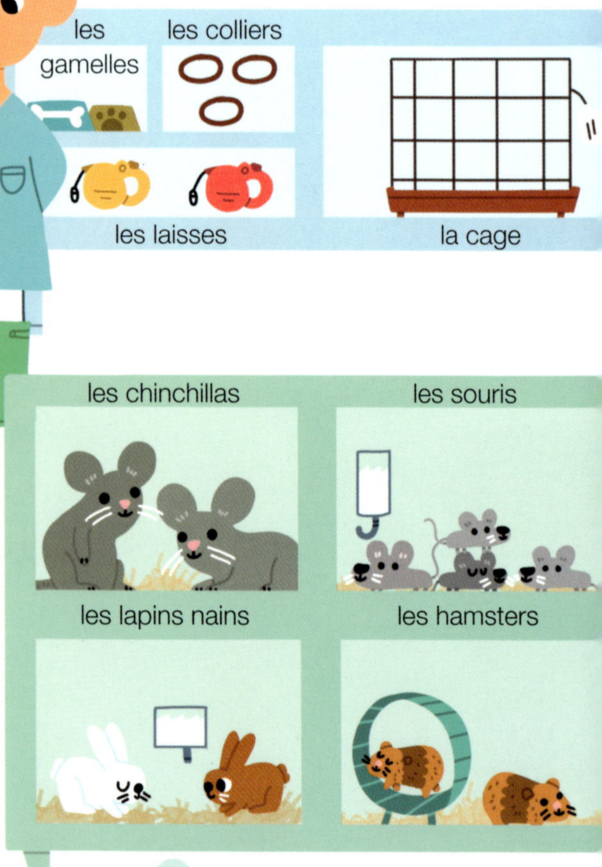

Peut-on garder n'importe quel animal à la maison ?

Dans ton jardin, tu as peut-être un hérisson ou des oiseaux qui viennent souvent. Ce n'est pas facile de les apprivoiser...

Les animaux sauvages, comme les lions, ne pourraient pas s'habituer à vivre dans une maison, avec des hommes.

Certains animaux bizarres sont élevés par des gens passionnés pour leurs espèces : des serpents, des insectes, des araignées...

Le jardin 36

La maison

Quand on prend un animal chez soi, c'est du sérieux. Il faudra bien s'en occuper, de sa naissance à sa mort.

nourrir son canari

promener son chien

dresser son chien

ramasser ses crottes

jouer avec son chat

changer sa litière

changer l'eau de son poisson

carresser son lapin

laisser son chien au chenil

emmener son chat en vacances

emmener son animal chez le vétérinaire

laver son chien

faire toiletter son chien

enterrer son hamster

Pourquoi éduque-t-on son animal ?

À ton animal, tu apprends à faire pipi dehors ou dans sa litière, à ne pas griffer, à ne pas voler la nourriture…

Un animal à la maison doit respecter les règles : il n'est pas dans la nature. Sinon, la vie ensemble sera difficile !

C'est important de l'éduquer, ça lui montre qu'il a sa place dans la famille. Qu'est-ce que ton animal a le droit de faire ?

L'animalerie **26**
L'aquarium **40**

Le poney-club

C'est l'endroit où
on apprend à s'occuper
d'un poney et à le monter.

Pourquoi donne-t-on un nom à certains animaux ?

Flamme, Caramel ou Tonnerre... le poney que tu montes a un nom bien à lui. Il y est habitué et le reconnaît.

On remplit pour chaque poney un carnet où l'on note qui est son propriétaire, ses vaccins, s'il est malade ou blessé...

On donne un nom aux animaux qui vivent avec les hommes. Comment appellerais-tu ton poney, ton chien ou ton chat ?

L'animalerie **26**
La maison **28**

La ferme pédagogique

Ici, on élève des animaux et on cultive la terre. Les visiteurs sont les bienvenus !

D'où vient le lait ?

Le lait que tu bois au petit-déjeuner a été acheté par tes parents dans un magasin. Mais sais-tu d'où il vient ?

Les vaches produisent du lait, dans leurs pis, pour nourrir leur veau. Si on le tire régulièrement, elles continuent d'en faire.

On peut alors le mettre en bouteilles et le vendre. Sais-tu tout ce que l'on peut faire avec du lait ?

Les ovipares **16**
L'élevage **34**

L'élevage

Élever des animaux, ça veut dire les faire grandir pour ensuite les manger ou récupérer leur lait.

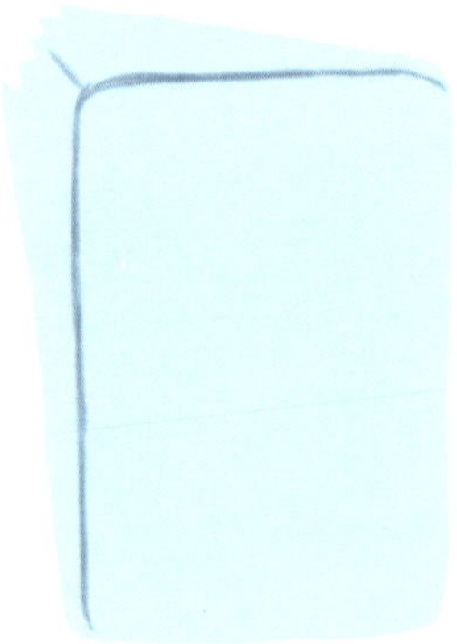
le lait

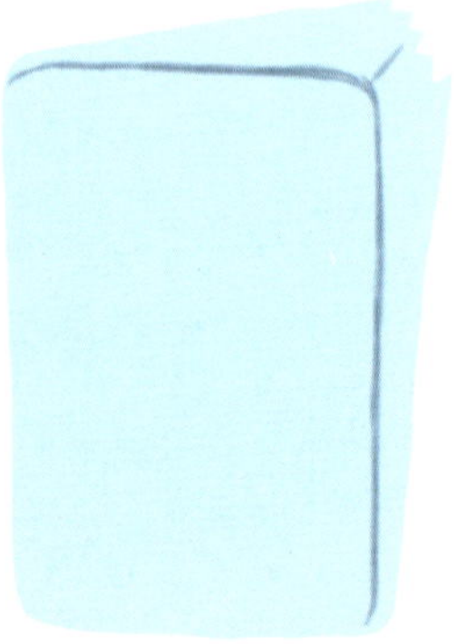
le lait

la crème fraîche

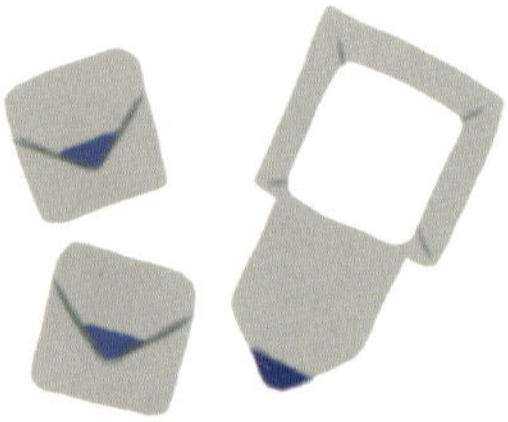
le fromage frais

l'emmenthal

le beurre

la bûche de chèvre

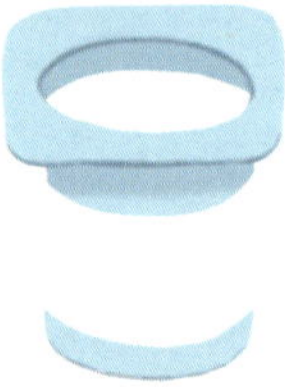
le yaourt

Est-ce que c'est méchant de manger de la viande ?

La viande ou le poisson dans ton assiette viennent d'animaux qui ont été élevés pour qu'on les mange.

Dans la viande il y a de tout petits éléments, les protéines, indispensables pour être en forme. Et en plus, c'est bon !

Depuis toujours, les hommes mangent de la viande. Connais-tu le nom des premiers animaux que les hommes chassaient ?

le bœuf

le steak haché

le porc

le jambon

le saucisson

la saucisse

l'agneau

la côtelette

le poulet

le poulet en barquette

les nuggets

L'alimentation 12
Manger et être mangé 76

Le jardin

En observant bien dans un jardin ou à la campagne, on peut voir plein d'animaux.

Les petites bêtes

En regardant mieux, on observe des insectes, des araignées, des vers...

À quoi servent les insectes ?

Certains piquent, d'autres mangent les cultures, donnent des maladies... Notre planète a-t-elle vraiment besoin des insectes ?

Les insectes sont précieux pour la nature car ils l'aident. Ainsi, la coccinelle mange les pucerons qui détruisent le potager.

La fourmi nettoie la terre tandis que le papillon aide les plantes à se reproduire... Et sais-tu qui fabrique le bon miel ?

L'insectarium 63

La forêt de nuit

En s'y promenant, on peut surprendre de nombreux animaux que l'on n'y voit pas de jour...

Pourquoi
certains animaux ne dorment pas la nuit ?

Toi, la nuit, tu dors, et c'est pareil pour tout le monde. Mais beaucoup d'animaux profitent du soir pour sortir...

La nuit, tout est plus calme. Il n'y a pas d'hommes pour déranger les animaux. Le noir protège aussi des ennemis.

Dans les pays chauds, en Afrique par exemple, il fait plus frais la nuit. C'est plus agréable pour les animaux.

Le jardin **36**
Dormir **72**

L'aquarium

Pour observer des animaux aquatiques du monde entier, on peut visiter un aquarium. C'est un peu comme un zoo marin.

Comment les poissons respirent-ils sous l'eau ?

Regarde les côtés d'un poisson, tu verras comme un long trou, avec des fils dedans. Ce sont les branchies.

Quand un poisson avale de l'eau, elle passe par les branchies. Les branchies gardent l'air qu'il y a dans l'eau, puis elle s'échappe.

Certains animaux, en revanche, remontent à la surface de la mer pour respirer, comme le dauphin, la baleine, le phoque… et toi !

La mer **44**
Classer les animaux **82**

Le parc marin

C'est un parc où l'on peut voir des animaux marins. Ils ont été dressés pour faire des spectacles.

À quoi ça sert de dresser les animaux ?

Dans ce parc, tu peux voir des animaux dressés : on leur a appris à faire des tours pour impressionner le public.

On dresse aussi les animaux pour aider les hommes. Un chien peut aider un aveugle à se déplacer, par exemple.

Les chevaux aussi sont dressés avant que l'on monte dessus. Toi, as-tu essayé d'apprendre à ton chien à rapporter un objet?

Les records des animaux 78

La mer

Dans le sable, sur les rochers, dans l'eau… il y a des animaux partout !

Comment voir des petites bêtes ?

À la plage, tu ne vois pas toujours les petits animaux qui sont autour de toi. Voici quelques idées pour les observer.

Ratisser le sable permet de trouver des coquillages. Et pour attraper les oursins, il faut utiliser un grappin.

Sous les cailloux, tu peux apercevoir un crabe. Regarde dans les mares, sur les rochers : il y a plein de crevettes !

L'aquarium **40**
Classer les animaux **82**

La montagne

Sous les rochers, dans les airs
ou dans les rivières,
les animaux sont partout.

Où sont les animaux en hiver ?

Es-tu déjà allé à la montagne en hiver ? Avec toute cette neige, on se demande où les animaux peuvent être cachés…

Cela dépend de chaque espèce. Le lièvre variable, par exemple, se déplace sur la neige, et creuse pour rejoindre son terrier.

Le campagnol, lui, vit sous la neige. La marmotte reste dans sa tanière sous terre. À ton avis, à quelle saison ressortent-ils ?

S'abriter 70

Voyons voir...

Où peut-on voir ces animaux? Relie chaque animal à son milieu de vie.

l'escargot

la mouette

le chamois

les poissons

Lesquels de ces animaux ne vivent pas dans la mer? Connais-tu leur nom?

Lesquels de ces animaux ne peuvent pas être des animaux de compagnie ?
Connais-tu leur nom ?

Lesquels de ces animaux sont des insectes ?

Que font ces personnages ?
As-tu un animal de compagnie chez toi ?
Que fais-tu pour t'en occuper ?

Une journée au zoo

La savane du zoo

Le zoo est un parc où l'on peut voir des animaux. Ici, bienvenue dans la réserve africaine !

D'où viennent les animaux du zoo ?

Au zoo, les animaux vivent en captivité : ils ne sont pas en liberté, comme dans la nature. La plupart sont nés ici.

Certains zoos reçoivent des animaux venant d'autres zoos. Ainsi, on essaie de faire des couples pour avoir des bébés.

Ces animaux n'ont jamais connu la vie en liberté et ne pourraient pas vivre dans la vraie savane. Ils ne sauraient pas se débrouiller.

La savane africaine **54**

La savane africaine

Voici à quoi ressemble la vraie savane.
Ici, les lionnes chassent les gazelles,
les crocodiles guettent les gnous…

C'est où, la savane ?

Il n'y a pas de savane près de chez toi. On en trouve loin, en Afrique, mais aussi sur d'autres continents.

C'est une nature où il fait très chaud et très sec. Il pleut un peu parfois. Des gens peuvent y habiter.

La savane est un lieu sauvage. Pour découvrir les animaux, les touristes viennent faire des safaris.

La savane du zoo **52**

La jungle du zoo

On découvre ici la végétation et les animaux des grandes forêts chaudes et humides.

À quoi ça sert, un zoo ?

Dans de nombreuses villes de France, on a construit de grands et beaux zoos pour montrer des animaux.

Ici, on soigne certaines espèces ayant presque disparu dans la nature. Des vétérinaires s'occupent bien d'elles...

Des scientifiques les étudient et permettent ainsi au public de les découvrir. Est-ce que tu voudrais travailler dans un zoo plus tard ?

La jungle 58

La jungle

Sur notre planète, il y a d'immenses jungles. Beaucoup d'animaux y vivent.

C'est où, la vraie jungle ?

C'est peut-être la jungle dans ta chambre… Mais pour de vrai, le mot «jungle» désigne une sorte de nature très précise.

Il y en a autour de l'équateur, «au milieu» de la Terre. Ce sont de grandes forêts où il fait très chaud et très humide.

Les plantes y sont parfois si nombreuses et si serrées qu'il est difficile pour les hommes d'y aller. As-tu vu la taille des feuilles ?

Le désert et les pays froids

Au zoo, il y a aussi des animaux qui vivent là où il fait très chaud et d'autres qui habitent là où il fait très froid.

Est-ce qu'on trouve tous les animaux au zoo ?

Au zoo, tu peux voir beaucoup d'espèces différentes : des dizaines, peut-être même des centaines, selon les parcs…

Mais il existe sur Terre plus de dix millions d'espèces d'animaux ! Impossible de tous les rassembler dans un zoo.

Il y a de gros animaux, que l'on peut observer facilement, mais aussi des minuscules que l'on ne voit qu'au microscope…

Classer les animaux **82**

Le vivarium

Ici, on trouve des reptiles, des lézards venant des quatre coins du monde… Ils sont présentés dans des aquariums.

L’insectarium

Là, c’est le rendez-vous des petites bêtes du monde entier. En vrai, toutes ne font pas la même taille.

Qu’est-ce que c’est, la mue ?

Drôle de mot... La mue, c’est quand un animal change de peau, parce qu’il grandit ou qu’il change de forme.

Les reptiles muent. Mais on parle aussi de mue quand un oiseau a de nouvelles plumes, ou qu’un ours perd ses poils.

Même les hommes muent, vers l’âge de 14 ans. Leur voix devient grave. Écoute la différence entre une voix d’adulte et d’enfant.

Se métamorphoser 20
L’animalerie 26

La volière

C'est la partie du zoo où sont installées toutes sortes d'oiseaux, venus du monde entier.

Comment font les oiseaux pour voler ?

Ton corps n'est pas fait pour voler. L'oiseau, lui, peut déployer ses grandes ailes. En les agitant, il appuie sur l'air et s'envole.

Certains oiseaux ne battent pas beaucoup des ailes une fois qu'ils volent. Ils utilisent les courants d'air : ils planent.

Pour voler, les hommes ont dû inventer des machines, avec ou sans moteur. Quels moyens de transport volants connais-tu ?

Les ovipares **16**
L'animalerie **26**

Voyons voir...

Reconnais-tu les silhouettes de ces animaux ? Lequel est un oiseau ?

Lesquels de ces animaux vivent en captivité ?
Comprends-tu ce que veut dire ce mot ?

Quels animaux vivent dans un pays chaud ? Quels animaux vivent dans un pays froid ?
Comment le devines-tu ?

Regarde ces deux groupes de papillons. Quelles différences vois-tu entre les papillons de jour et les papillons de nuit ?

Compte les pattes de ces animaux. Attention, il y a un intrus, pourquoi ?

Es-tu déjà allé au zoo ?
Est-ce qu'on le visitait en voiture ou à pied ?
Te souviens-tu de ton animal préféré ?

La vie
des animaux

S'abriter

Beaucoup d'animaux ont un endroit où se reposer, se reproduire, manger…

les lapins dans le terrier

les abeilles dans la ruche naturelle

la ruche fabriquée

les mésanges dans le nid

le bernard-l'hermite dans le coquillage

la sole dans le sable

la puce dans les poils du chien

les chauves-souris dans la grotte

le poisson-clown dans l'anémone de mer

la taupe dans la galeri

Est-ce que tous les animaux ont une maison ?

le chevreuil dans le buisson

l'araignée sur la toile

le castor dans la hutte

les moules sur le rocher

l'ours dans la tanière

les fourmis dans la fourmilière

Certains animaux n'ont pas vraiment de maison. Ils vont d'un endroit à l'autre pour chercher à manger.

Les migrateurs, eux, changent de pays en fonction du temps qu'il y fait. À l'arrivée de l'hiver, ils vont dans les pays chauds.

D'autres animaux ne partent pas l'hiver, ils se cachent et dorment. Au printemps, ils ressortent enfin !

Le jardin **36**
La montagne **46**

Dormir

Tous les animaux dorment.
Mais pas forcément la nuit
et chacun à sa façon !

la chauve-souris dort
la tête à l'envers

le paresseux dort
en cochon pendu

le cheval dort debout

le chien dort
les pattes en l'air

le morse dort
au soleil sur un rocher

les lionceaux dorment
protégés

le petit chimpanzé dort sur le dos de sa maman

Quand les animaux dorment-ils ?

les tortues de Floride dorment au sec sur un rocher

l'éléphanteau dort en suçant sa trompe

le flamant rose dort sur une patte

le perroquet dort la tête sous son aile

le pangolin dort en boule

le requin dort en nageant

Toi, tu dors la nuit et tu fais peut-être la sieste après le déjeuner… Ce rythme est différent pour chaque espèce.

De nombreux animaux ne dorment pas la nuit, mais plutôt le jour. Le reste du temps, ils sortent, chassent, mangent…

Certains hibernent : ils se mettent au chaud dans leur terrier, et somnolent en attendant le printemps. Et toi, hibernes-tu ?

La forêt de nuit 38

Communiquer

Les animaux ne parlent pas comme les hommes. Mais ils poussent des cris, ont des expressions et attitudes qui veulent dire plein de choses.

menacer

avoir peur

se protéger

jouer

marquer son territoire

être content

séduire

Pourquoi
les oiseaux chantent-ils ?

Aimes-tu entendre chanter les oiseaux ? En fait, ils ne chantent pas parce que c'est joli, mais pour « discuter » entre eux.

Leur chant peut vouloir dire qu'ils sont sur leur territoire. Il sert aussi aux mâles pour attirer les femelles.

Enfin, il leur est très utile pour se reconnaître. As-tu déjà remarqué des différences dans les chants des oiseaux ?

La volière **64**
Les cris **90**

Manger et être mangé

Tous les animaux font partie d'une chaîne alimentaire. C'est l'ordre selon lequel ils sont mangés...

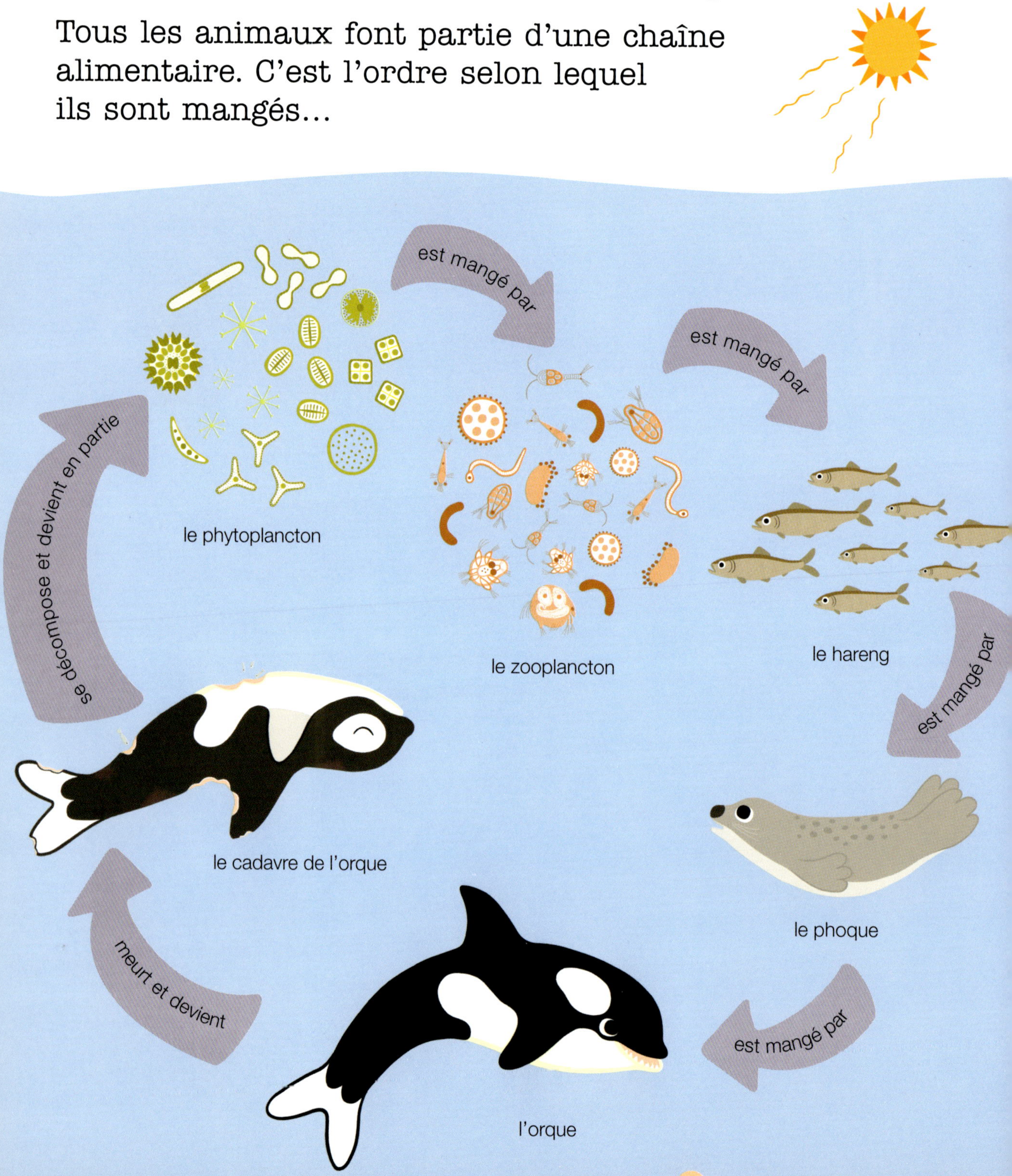

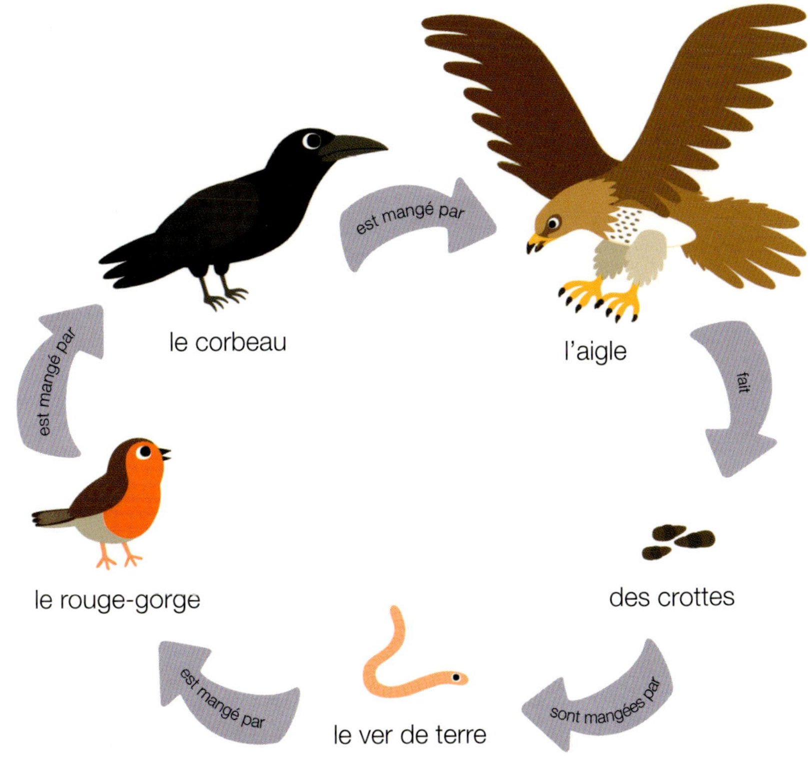

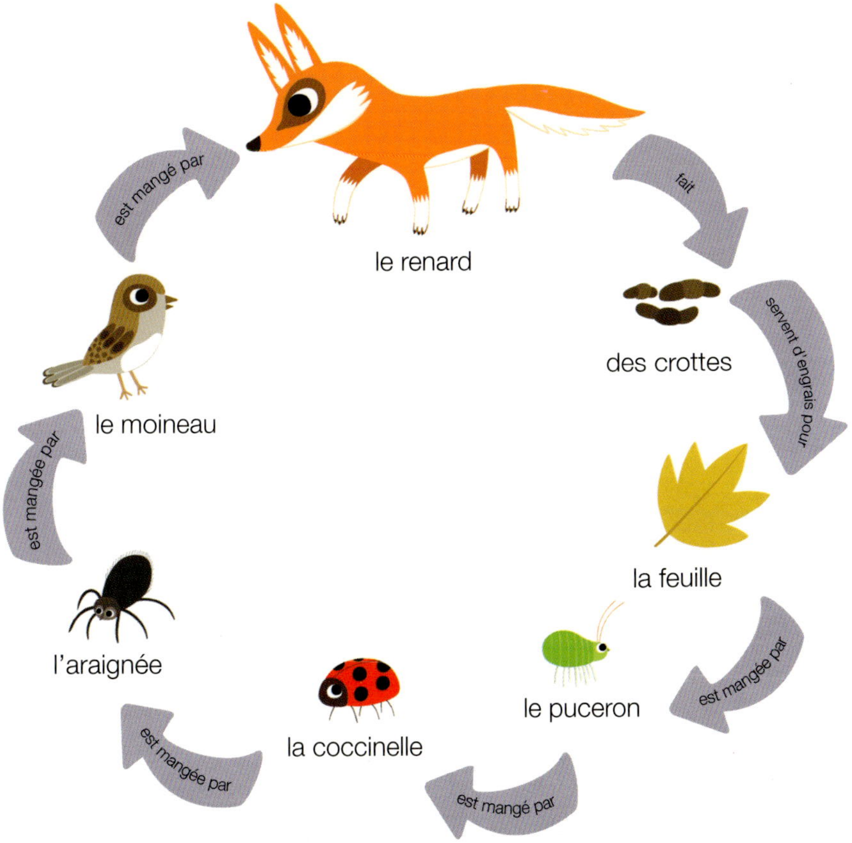

Quels sont les plus grands prédateurs ?

On appelle «prédateurs» les animaux qui en chassent d'autres pour se nourrir. Les «proies» sont ceux qui sont chassés.

Les grands prédateurs ne sont mangés par personne. Un jour, ils mourront de maladie ou bien de vieillesse…

Le superprédateur, c'est l'homme. Avec ses armes, il peut tuer tous les animaux et aucun ne s'attaque à lui pour se nourrir.

Les records des animaux

Énormes, rapides, robustes…
les animaux sont parfois
très surprenants !

L'anaconda peut mesurer 9 mètres.

La girafe est le plus grand des mammifères terrestres (5 mètres).

Le cachalot descend jusqu'à 3 000 mètres de profondeur sans respirer et peut plonger très longtemps.

La tortue de terre vit le plus longtemps.

La fourmi est la plus forte par rapport à sa taille.

Dans l'océan, la baleine bleue est la plus lourde.

Sur la terre, l'éléphant d'Afrique est le plus lourd.

Dans les airs, le faucon est le plus rapide.

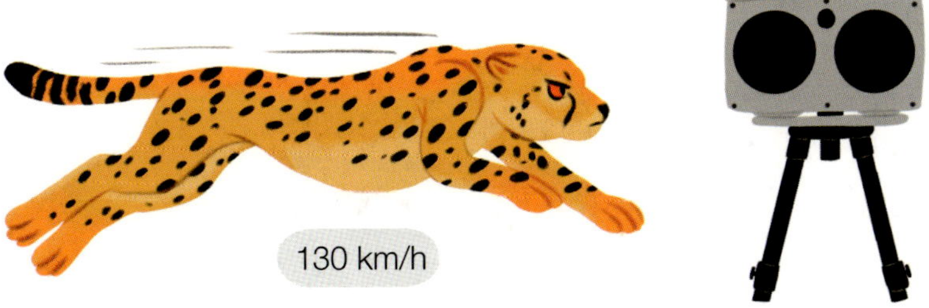

Sur la terre, le guépard est le plus rapide.

Quels
animaux peuvent te sauver ?

Les animaux peuvent être des héros ! En mer, il arrive que des dauphins signalent un danger à des marins, pour les aider.

Certaines espèces, comme les chiens, sont dressées pour sauver des gens ou aider des personnes handicapées.

Grâce à leur flair, des chiens savent retrouver et ramener des hommes ensevelis sous une avalanche de neige. Incroyable !

Le parc marin **42**

Voyons voir...

Relie chaque animal à sa maison.

Sais-tu pourquoi ce paon déploie ses plumes ?

Regarde cette tortue. À ton avis, pourquoi se cache-t-elle sous sa carapace ?

Qui mange qui ? Montre dans quel ordre ces animaux se mangent entre eux. Ça s'appelle une chaîne alimentaire.

le corbeau

le rouge-gorge

l'aigle

le ver de terre

Ce chat a peur.
Ce chien qui remue la queue est content.
Ce chimpanzé qui fait la moue veut un câlin.
Et toi, quelles mimiques sais-tu faire avec ton visage pour exprimer tes émotions ?

Classer les animaux

Les mammifères sont des animaux qui allaitent leurs petits.

Les amphibiens ont le sang froid.
Ils n'ont ni poils ni écailles.
Leurs petits vivent sous l'eau.

Les poissons vivent et respirent uniquement sous l'eau.

Les reptiles respirent grâce à leurs poumons.
Leur peau épaisse est couverte d'écailles.

Les oiseaux sont des animaux couverts
de plumes et qui ont des ailes.

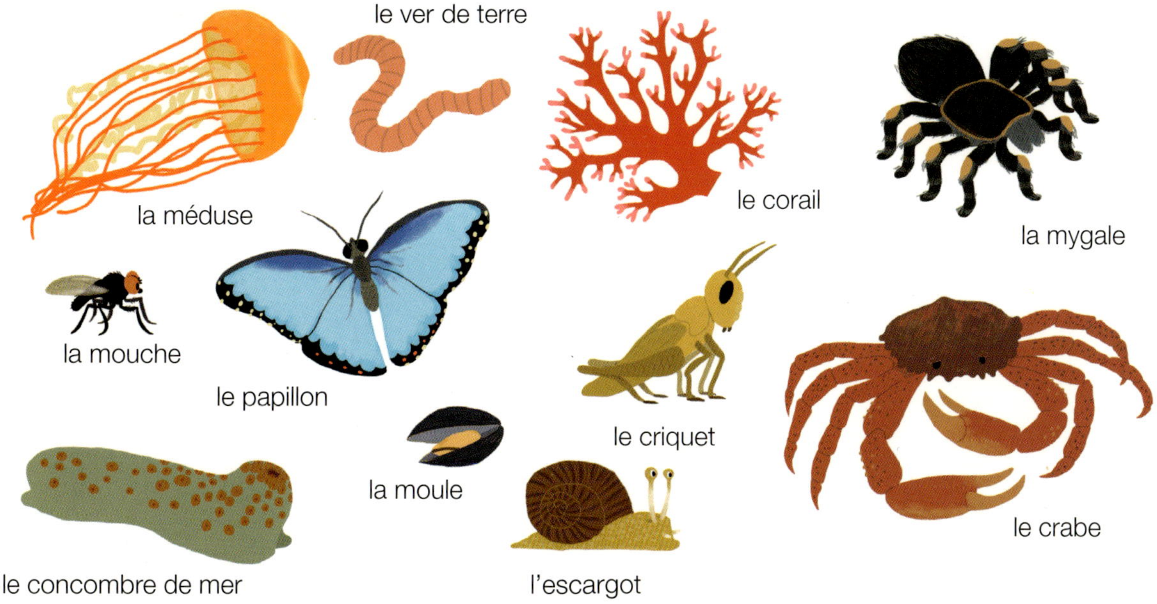

Contrairement à tous les autres animaux, les invertébrés n'ont pas de colonne vertébrale.

Les dinosaures

Ils ont vécu sur Terre il y a des millions d'années.
Les hommes n'existaient pas encore !

le diplodocus

le stégosaure

l'iguanodon

le troupeau
de struthiomimus

le baryonyx

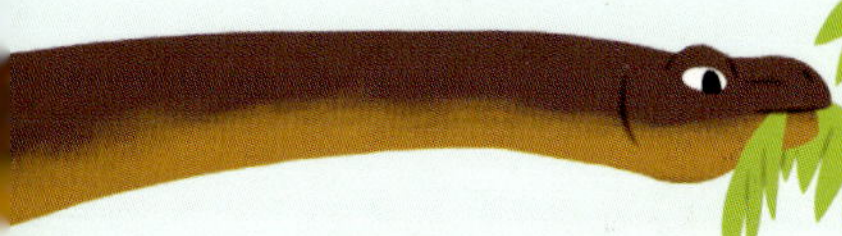

le parasaurolophe

le vélociraptor

le brachiosaure

le tricératops

l’ankylosaure

le tyrannosaure

Les animaux menacés

Si les hommes n'y font pas attention, certaines espèces animales risquent de disparaître de la Terre.

la tortue à nez de cochon

le dauphin de l'Irrawaddy

le panda

le cacatoès à huppe jaune

le gorille des montagnes

le gecko à queue feuillue

le tigre du Bengale

le poisson napoléon

l'éléphant d'Asie

le thon rouge

le grand requin blanc

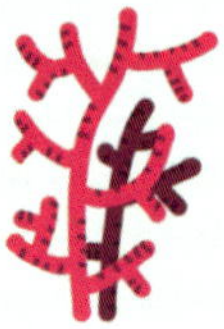

le corail rose

Les animaux disparus

Parce qu'elles ont été trop chassées ou que leur environnement a changé, certaines espèces ont déjà disparu.

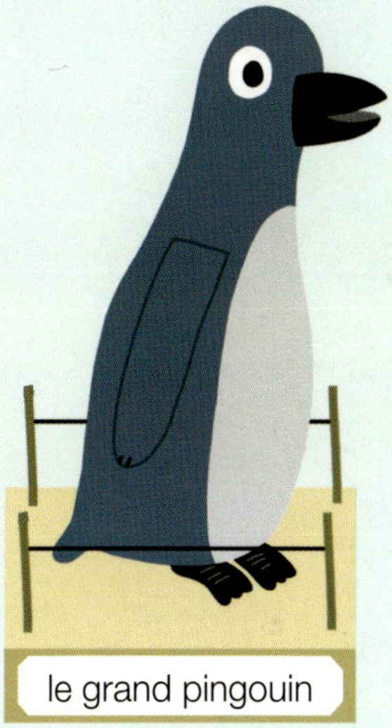

Les empreintes

Souvent, les animaux laissent des traces de pattes. Apprends à les observer. Elles sont ici à taille réelle.

le loup

le hérisson

la belette

le chat

le chien

l'ours

le mouton

le chevreuil

le sanglier

le canard

le moineau

la mouette

le pigeon

la vache

Les cris

aboyer

miauler

ronronner

meugler

bêler

grogner

glouglouter

caqueter

braire

cacarder

pépier

hennir

rugir

barrir

hurler

bramer

hululer

chanter

coasser

clapir

siffler

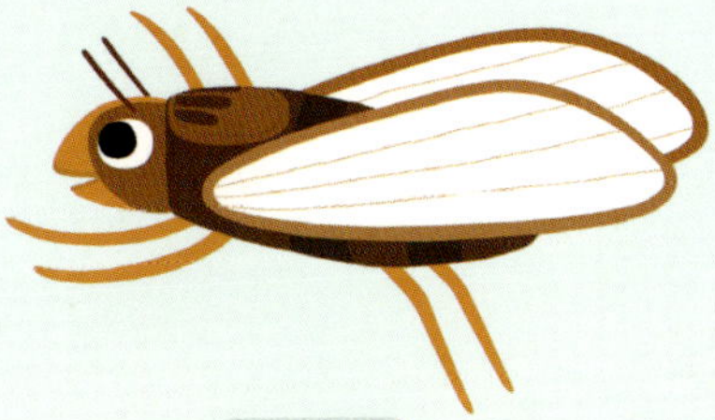
striduler

bourdonner

gazouiller

Ab L'index

A

B

C

D

E

Q

R

S

T

V

W

Y

Z